장다리꽃 나비춤

정인숙 시집

심지시선 045

장다리꽃 나비춤

2021년 5월 20일 초판 1쇄 발행

지은이 정인숙
펴낸이 윤영진
기획편집 함순례
홍 보 한천규
펴낸곳 도서출판 심지
등록 제 2003-000014호
주소 34570 대전광역시 동구 대전천북로 12
전화 042 635 9942
팩스 042 635 9941
전자우편 simji42@hanmail.net

ISBN 978-89-6627-199-3 03810

* 이 책은 천안시 문화재단에서 사업비 일부를 지원받았습니다.

심지시선 045

장다리꽃 나비춤

정인숙 시집

시인의 말

자연은 거짓말을 하지 않는다.
나는 자연에게 말을 붙이고,
조마조마
그 응답을 기다리는
몸짓일 뿐이다.

2021년 봄
정인숙

차례

제2부 도마뱀을 위하여

제3부 비오는 날 오후

제4부 일탈

〈일러두기〉

*본문에서 〉는 ‘단락 공백 표시’로 한 연이 새로 시작된다는 표시이다.

제1부
후제

봄비 내리는 밤

빗방울 하나에 꽃잎 하나가 떨어지고
바람 한 점에 새순이 돋네

떠나는 임 등줄기가 봄비에 젖으면
청솔가지 꺾어다가 불을 지피네

비구름 걷히고 초승달이 떠오르면
이슬 젖은 오솔길로 꽃물 들이러 오시려나

꽃잎이 달빛 아래 뒤척이면
나는,
언덕에 홀로 서서 꽃불을 지피네

여름밤

두레반에 둘러앉아 밀장국 먹고
멍석 깔고 누워 별을 본다

할머니의 부채질에 잠이 들면
풀벌레 울음소리로 내 홑이불이 젖는다

달빛 잠든 측백나무 울타리에
아기 까치 불러내어 옥수수알 던져준 뒤

먼 하늘 계수나무 토끼를 찾아
나는 두 손바닥을 포갠다

사랑은

호두알 둘
호주머니 속에서 제 몸 부풀리고

손바닥 안에서
골 깊은 이력을 낳는,

사랑은 온몸 내던지며
껍질을 깨고
속살을 드러내는 일

낙엽 떨어지는 광덕산 골짝
바위틈에 기대어 각질을 벗기면,

낙엽 위에 누워
한가로이 몸을 말린다

도게츠교渡月橋에서*

가슴 떨릴 때 떠나자고
새벽녘에 집을 나서도
옷깃 잡는 이 없다

니넨자카 거리에서 길을 잃고**
달빛이 강물 위에 머문 듯
나는 해 저문 도게츠교를 걷는다

붉은 산자락을 껴안은 강어귀에
낯익은 눈동자가
달빛처럼 서성거린다

어깨 위에 매달린 단풍잎 하나
강물 위에 띄워두고
나는 저녁달 등지고 발길을 돌린다

* 달이 건너는 듯한 다리
** 일본 전통을 느낄 수 있는 거리

비선대飛仙臺

멍석바위 위에 옥비녀를 풀어 놓고
젖은 가슴 감싸 안은 소나무 한그루

와선대臥仙臺에 펼쳐 놓은 치맛자락 비에 젖고
옷고름 사이로 꽃내음 스며든다

는개 내리는 비탈길 빈 지게
누가 나를 여기까지 지고 왔을까

발등 아래 세상이 천천히 멀어져간다

후제

작은오빠 도시락을 싸고 있는 엄마에게
부엌 판장문 문지방에 걸터앉아
"나는 멸치조림 언제 해 줄 거야?"
"후제 해 줄게"
그날은 멸치 간장에 밥을 비벼 먹었다

꽃무늬 원피스 사달라고 조르는 내게
"후제 사 줄게"
외할머니 생신날
작은오빠 빛바랜 양복을 입고
엄마 손에 매달려 외갓집에 갔다

팔순을 넘긴 엄마가
임종을 한 달 앞둔 어느 날
밤새도록 보퉁이를 꾸리고 계셨다
"장롱 속에 주름치마는 언제 입으실 거유?"
"후제 입어야지."

만화방초 우거진 봄날,
"우리 언제 가족 여행할까?"
달뜬 작은아들의 말에
먼 산을 바라보며 나 혼자 중얼거렸다
"후제……."

* 후제: '나중에'라는 말의 충청도 사투리

빈 둥지 증후군

1

낯선 산을 헤매다 무릎을 다쳤다
긴 세월 버텨오던 지렛대를 잘라내고
헤진 피붙이 조각들이 빠져나갔다
통증보다 지독한 외로움을 견뎌내고
어미 새, 빈 둥지를 지켰다

2

먼 산을 바라보며 날개깃을 다듬던 어미 새들이
황톳길 공원에 모여 반상회를 연다
새끼들 모두 날아간 둥지가 널찍해서 살만하다느니
요란하던 날갯짓도 예전 같지 않다느니
나뭇가지를 흔들며 재잘거린다

3

외로움을 달래주는 벗이 산뿐이던가
빈 둥지를 품는 어미 새가 나 혼자던가
다리 부러진 어미 새, 날갯죽지 꺾인 할미새

비 내리는 휴일 오후 한 둥지에 모여 앉아
파전에 동동주를 마시며 날궂이 한다

무창포에서

물 위를 걷는 갈매기
가까이
평생 바람 속에 사는
작은 섬

갯내음에 절은 머리 위에
밤비가 내리고
밤새워 뒤척이는 파도가
바닷길을 열면

뭍길을 걷는 갈매기
가까이
당신은 저기
나는 여기

지워지지 않을
달그림자로 서 있다

가을편지

해 질 녘 호숫가를 서성이다가
흔들리는 하늘을 들여다보는 것은
눈에 어리는 그림자 때문이다

가을날 숲길을 걷다가
바람소리에 귀를 기울이는 것은
귓가에 맴도는 그대 목소리 때문이다

낙엽을 태우듯
당신의 희미한 흔적을 불사르지 못하는 것은
목에 걸린 말 한마디 남아있기 때문이다

산비탈은 얼마나 황량하랴
상처를 품고 익어가는 가을 나무처럼
나는 속절없는 편지를 쓴다

해바라기

저녁 햇살에 춤추는
해바라기 꽃들이
얼굴을 붉히며 볼을 비빈다

뙤약볕에 영글어 온 사랑을
품속 깊이 끌어안고
고개를 숙인다

알알이 맺힌 사연들이
석양에 물들어 등을 돌리고
찬이슬에 눈을 감는다

춤사위에 지친
잠자리 떼 단잠이 들면
꽃잎이 일어나 젖은 날개를 쓰다듬는다

봄날의 일기
— 비둘기 집

산자락을 흔들며 목청을 높이던 산비둘기 한 쌍이 신방을 차렸다는 소문이 자자하다. 너른 숲 마다하고 이곳으로 내려온 사연이 무엇일까. 철쭉꽃 흐드러진 호숫가 조명등 틈새를 살피다가 작은 둥지에서 알을 품는 어미 비둘기와 눈이 마주쳤다.

얼기설기 허술한 둥지에 앉아 시끌벅적한 인파와 온갖 소음을 견뎌내더니 어젯밤 폭풍우 몰아치는 어둠 속에서 어찌 버텼을까. 멀찍이 장미 담장을 등지고 알을 품는 어미 새의 날갯죽지는 미동도 하지 않고 그윽한 눈빛으로 우주를 품고 있다.

호수에서 노니는 잉어들이 조심조심 수초 사이를 스쳐 슬며시 물길을 가르고, 꽃잎을 스치는 바람도 새털처럼 보드랍다. 해질녘 어미 품이 그리운 산새 한 마리가 나뭇가지에 앉아 부산하게 우짖는다.

새순이 손톱만큼 더 자란 오늘, 햇살이 유난히도 눈부셨다.

오월의 재스민*

보랏빛 향기 가득 창가에 머물더니
하얀 꽃송이가 하나 둘
고개를 숙인다

빛바랜 꽃잎이 손을 내밀면
코끝에 스며드는 추억을
한 잎 두 잎 주워 담는다

꽃잎에 새겨진 사연들이
노을처럼 눈부시어
눈을 감고 허공을 본다

재스민 향기에 잠 못드는 밤
웅크린 꽃송이와 마주 앉아
은빛으로 돋아나는 머리칼을 빗어 내린다

* 재스민은 봉오리 때 짙은 보라색으로 피기 시작하여 시간이 지날수록 향이 짙어지며 색이 엷어져 흰색으로 변하여 떨어진다.

인동초

언 땅을 딛고
찬비 맞으며
눈꽃을 피운다

긴 겨울밤
산비탈을 넘어
봄바람 불면

푸른 잎
맨발로 걸어와
붉은 꽃을 피운다

이장移葬

비비새 알을 품는 윤사월
송홧가루 덮인 봉분이
파묘를 기다린다

꽃비가 내리던 날
옹이진 빈 둥지 끌어안고
풀잎을 밟고 가시는 길

가슴에 박힌 대못 하나
삭히지 못한 세월 앞에
무릎 꿇은 가슴이 먹먹하다

깃털처럼 가벼운 유골함을 품고
산새들 발자국 따라
송홧가루 날리며 언덕을 넘는다

이사 가는 날

목련 꽃잎 떨구는 날 이삿짐을 꾸린다
버리고 덜어내도 등봇짐이 넘친다

어둠 속에 던져버린
짐꾸러미 밤이슬에 젖는다

바람 부는 대로 걷다가 멈춰 선 길
서성이다 물결 따라 걷는다

버린 만큼 가시 박힌 발바닥
달팽이 꽃잎을 지고 숲길 위에 서 있다

제2부
도마뱀을 위하여

가을 산책

가을비 내리는 아침
소나무 숲길을 오르다가
두 갈래 길에 멈춰 선다

숱하게 가본 길인데도
길을 잃는 나

낯선 길 위에서 서성인다

우산을 받쳐 든 손
발자국을 남기며
안개 자욱한 숲으로 들어선다

낙엽 떨어지는 소리 귓불을 때리면
곤줄박이 발자국을 따라
오솔길로 내려 선다

장다리꽃 나비춤

들꽃처럼
젖은 솜이불처럼
가라앉은 오후,

고추방앗간에서 돌아온
엄마의 유두가
붉게 충혈 되던 날

씀바귀 짓찧어 바른 젖가슴을
젖은 걸레로 닦아내는
늦둥이 동생의 눈망울이
깊어지던 날

채마밭 장다리꽃
저녁 햇살 베어 물고
나비춤을 춘다

도마뱀을 위하여

1

초가을 들녘에서 도마뱀을 만났다
햇살이 내려앉은 등 위에서
어두운 그림자가 헛발질을 한다

작은 몸뚱이가 꼬리를 잘라내고
가을빛 옷을 갈아입으면
날쌘 몸짓으로 나무에 오를까

2

아침 이슬로 상처를 닦는다
잘래내는 일은 얼마나 큰 슬픔이던가
새살이 돋는 나날은 얼마나 외로운 아픔이던가

어둠 속을 지나 가을 숲으로 기어갈 뿐
가슴을 도려내듯, 도마뱀은
차마 꼬리를 잘라내지 않는다

호미곶에서

가을 바람맞으며
호미곶 둘레길을 걷는다

파도가 쓸려갈 때마다
자그락자그락
알몸을 비우는 몽돌의 속삭임에
늙은 해초가 고개를 내밀고
바위 틈 이끼 틈에 해국이 피어난다

메마른 가슴을
바다 내음으로 적시고
손톱 끝에 붙어있는 욕심마저
해풍에 날려버리니
耳順의 발걸음이 가볍다

하늘을 받쳐 든 손으로
푸른 바다를 건져 올리면
얼룩진 손금 사이로 햇살 한줌 또 스며들고

나는 무거운 짐 팽개친 뒤
설익은 시어 몇 마디를 주워 담는다

파꽃 2

밭두둑에 앉아
달래를 다듬던
할머니 정수리에
파꽃이 피었네

냉이꽃 꺾어 들고
징검다리 건너던 날
개울가 봄바람 속에
흰나비 떼가 날아드네

볏짚을 깔고 앉아 서캐를 뽑아주던

손녀의 머리 위에도
파꽃이 피었네

무심無心

눈 내리는 밤이면 홀로
산기슭을 거닐며
매화꽃 필 날을 손꼽아 헤아려보네

상처 위에 돋아난 새살처럼
무성한 숲 그늘을 거닐어도
기다리는 사람 소식이 없네

나뭇가지에 걸린 방패연은
가랑잎처럼 가벼워졌으니
눈물겨운 그리움 부질없어라

밤새워 창문 두드리는 바람 소리에
백목련 꽃잎 몸져누웠으니
꽃잎 위 달빛만이 어둠을 밝히네

매봉산 보름달

달처럼 탐스러운
임의 얼굴처럼

보름달 한 아름
매봉산을 감싸안네

찢겨진 몸 일으키고
피 토하며 외치던 '대한 독립 만세'

100년 동안 그 목소리
산천을 흔드네

한가위 시린 달빛
봉화대에 불을 지피네

광덕산 계곡에서

산골짝
물줄기가 바위틈에서
부서졌다

산비탈에 터를 잡은 호두나무가
내 어깨를 흔들었다

물줄기는
내 체온을 붙잡고 있지만

찬바람이
절벽을 따라 내려갔다

나비 한 마리
하늘에서 떠돌았지만,

해송

실핏줄 드러난 발가락이 암벽을 붙들고
바다를 향해 두 팔을 벌려보지만
바다의 노래는 수평선에 누운 해 그림자의
붉은 옷자락만 쓰다듬는다

가끔씩 바닷새들이 날아와 날개를 털고
어쩌다 밀려온 파도가
발가락을 건드리고 가지만,
끝끝내 갇혀버린 마음 어쩌지 못해
눈물만 삼키고 서 있는
늙은 소나무여,

오늘도 굽은 등이 시려
하늘을 쳐다볼 수 없구나

공복

밤새워 내린 빗물에
뒤얽힌 체증을 씻어내고
갈 곳 없는 빈 가슴을
강어귀에 기대어 세운다

한 줄기 난초향으로 공복을 채우면
나비의 심장을 향해 곤두박질하는
꽃가루, 꽃가루들

길 없는 길목에서 서성거리는
개망초꽃 무더기가 강물에 흩어지고

수면 위에
나비떼, 나비떼

개울가의 추억

고향집 앞 둑 너머에 있는
개울을 들여다보면
낯익은 아이들이 재잘거린다

모래알 한 움큼 쥐어 올리면
가막조개가 따라 나오고
나폴거리는 물풀 사이로
물방개 소금쟁이가 얼싸안고 있다

장마철 홍수 끝에
멱 감던 아이가
세찬 물살에 떠내려가던 날

빨래하던 마을 처녀가
겁도 없이 뛰어들었지만

고기 잡던 약방 아저씨가
망태기 내던지고 안고 나왔다

〉

둑 밑에 냉이꽃은 흐드러지고
시커먼 냇물 속에서
환영처럼 떠오르는
추억들,

이 아침

불광사 범종소리에
싸늘한 꿈속을 빠져나온다
한증탕에 들어앉아 온몸에 소금을 바르고
가슴 밑바닥에 가라앉은
모래알 같은 앙금을 씻어낸다

뿌연 새벽 골목길을 걸으며
풀잎에 맺힌 이슬을 털어낸다

저쪽 길목에서
다리를 절며 새벽 기도 다녀오던
부부의 환한 입김이
내 가슴으로 파고 든다

이 아침,

내 손가락 끝에서
고추잠자리는 젖은 날개를 펼쳐

가을 하늘을 열어젖히고 날아간다

여름을 보내며

여름 햇살이
산허리에 엎드려 있다

스산한 바람이 나뭇가지에 앉아
절규하는 풀벌레의 날개를
쓰다듬는다

떡갈나무 이파리가 퇴색해질수록
선명히 떠오르는 이별의 아픔을
광덕산 팔꿈치에 흩뿌려 놓고

나는 난초 향기 가득한
바람 앞에 홀로 서 있다

겨울까마귀

얼어붙은 강가에서
목에 걸린 생선가시를
넘기지도 뱉어내지도 못하는 너는

제 가슴만을 쪼아대며 울고 있는 너는

강물이 보이지 않는 절망 때문인지
날지도 못하네
높이 날지도 못하네

겨울바람이
공연히
저녁 햇살 데리고 산비탈을 넘고 있지만,

저수지 가는 길

내 영혼에 흐르는
작은 물줄기가 메말라
서걱거릴 때면

나는 너를 찾아 이곳에 온다

너와 함께 거닐던 길은
세월 속으로 멀리 잠겨버렸고
싸리꽃을 들고 오르던
나룻배도 간 곳이 없구나

산딸나무꽃 하얗게 기다림을 삼켰어도
나는 마음의 빗장을 열고
나직이 너를 불러본다

어느 사이 사라지는
눈물 몇 줄기

오서산烏棲山에서

까마귀 날지 않는 산기슭에서
철새들 황망히 떠돌고
억새풀 허리를 꺾어 한숨짓는데
건너편 산자락 앙상한 가지에서
때 지난 철쭉꽃 입술을 내미네

능선에 흩어진 안개를
휘저으며 팔각정을 오르니
산봉우리를 덮고 있던 구름이
바람에 밀려 발밑으로 흘러가고

함석집 지붕 위 홍시
게으른 까마귀를 기다리며 이마를 비비는데
늙은 청설모 한 마리
저도 버릴 것이 있는 것인가
정암사 해우소를 기웃거리네

제3부
비오는 날 오후

겨울산

바람 한 점 삼키고
눈 덮인 산비탈을 내려가는 것은
내가 가야 할 다른 길이 있기 때문이다

눈길 위에 주저앉아
미끄럼을 타며 산을 내려온다

앙상한 나무들이 숨죽여 웃고
엉덩이에 묻은 질경이가
기지개를 켠다

햇살은 아직 이마 위에
걸려 있고
또 다른 산이 내 어깨 위에서
움트고 있다

긴 그림자

가을산은
안개기둥에 이마를 기대고
노을빛 붉은 상처는 빗물에 젖어
겹겹이 허물을 벗고 있다

발걸음이 산등성이를 넘으면
내 심장을 파고드는
서늘한 물소리

간밤에
그리움의 분신을 벗겨내며
내 발목을 붙들고 서 있던
정금나무 긴 그림자

공원묘지에서

안개 속을 걷다가 허공을 본다

낮은 봉분 앞에
목마른 조화가
하늘을 보고 일어난다

장미꽃 한 송이
가슴속에 간직한 채
구름 속을 떠도는 가엾은 넋

묘지 위에 피어난
패랭이꽃
나를 보고 웃는다
안개비가 내려와 꽃잎을 적시고

누군가가
내 등을 떠밀고 있다

비오는 날 오후

회색빛 빌딩들은
잿빛 하늘을 받쳐 들고
호흡을 멈추었다

자동차 불빛은
아스팔트 위에 깔린 땅거미를 헤치고
목적도 없이 방황하고 있었다

아이들의 찰박거리는 발자국 소리에 놀란
새 한 마리가
측백나무 울타리에서 날개를 털며 날아올랐다

빗방울이 멈추고
빌딩들이
숨을 내쉬며 허리를 펴면

하나, 둘,
창문에는 불이 켜진다

까치

맨발로 서 있는 네 기침소리

아무도 귀를 기울이지 않는다

세상 끝자락
바람 속으로 날아다니다가

밭두렁에
네 발자국을 남겨 놓았구나

까치야
내 어린 까치야

방황

홀연
야간열차에 몸을 싣는다

객석 관객들은 잠이 들고
어둠 속을 파고 달리는
바퀴 소리만 시간을 접는다

부산역에는
반갑지 않은 봄비가 내리고
광안리 해변에는
지나가는 사람들의 걸음만
술렁거린다

갈매기도 날지 않고 고깃배도 없는 시간
파도 소리 제 혼자 혼을 깨우는데

나는,
이제 어디로 가야 할까

〉

빗속에서 떨고 있는

늙은 소나무, 아기 소나무

저녁산책 2

월봉산 산자락이
폭염 속에 신음소리를 낸다
진홍빛 분꽃들이 핀
주말농장 오솔길을 걸으며
나 홀로 예배당 가던 어린 시절이 아른거렸다

곧 땅거미가 밀려올 거라 생각하면서도
팔각정으로 가던 걸음을 멈추지 않았다

고속전철 굉음이 바람을 가르고 지나갈 때
산허리엔 어둠이 깔리고
내 반바지는
산비탈 아래로 곤두박질한다

나뭇잎은
산허리에 내려앉은 달빛을 삼켜버리더니
이내 어둠뿐이다
〉

한 치 앞도 보이지 않는 길목에서
그늘이 되어주던
굴참나무 숲을 뒤로하고
불빛 앞으로 달음박질쳤다

창가의 불빛들은
오늘 내 두통을 끌어안을 뿐

팔봉산

산에 올라 내려다보는 마을은
잠에 빠진 듯 평화롭다

바다를 향해 둘러앉은
갯벌 위로 갈매기 두어 마리
해풍을 부른다

걸어온 길 되돌아보면
아득히 멀고 또 멀고

내리막길을 따라 내딛는
불혹의 발길 위에
나뭇잎이 진다

저것 좀 봐
진달래꽃들이
햇살을 붙들고 놀고 있네

들꽃 향기

창문 밖 산자락에 핀 댕강나무꽃을
한 움큼 꺾어다가 항아리에 꽂았다

햇살이
향기에 취해 비틀거리면
꽃잎들은
눈송이처럼 쏟아졌다

멀리서 온 햇살에
눈망울이 아파지면
내 마음 깊이 꽃송이들 떠다니고

이제 겨우
내 가슴 쪽에 달라붙은
그리움 몇 채

오,
저 산자락

산자락

봄비로 머리 감은 버드나무가
호수 위에 얼굴을 비추며
손을 비빈다

어젯밤 내린 비는
어떤 빛깔이었을까

세상이 온통
푸른 물이 들었다

반쯤 누워 신음하는
소나무 곁에서
철쭉꽃 떨어지는 소리가
내 가슴을 때린다

옆구리 잘려나간
산자락은
누구를 끌어안고 있는가

이사하던 날

결혼 7년 만에 집을 팔아 빚 정리하고
방 두 개 셋방으로 이사했다

이 동네는 개구리가 울고
커다란 정자나무가 있어 좋다는 아들이
선생님이 셋방 사는 사람 손 들라 할 때
우리는 방이 둘이라 손 들지 않았다며
두 눈을 반짝였다

그날 밤
내 가슴속을 파고 들어오는
별빛들

뒷산에서 울어대는 소쩍새 소리에
밤을 지샜다

어머니의 경대鏡臺

문지방에
멍든 무릎을 세우고
벽에 걸린 거울 속의
낯선 얼굴과 마주한 날

옥양목 기저귀와
빛바랜 베잠방이를 헹구던

실개천 근처에
피어있는 개망초꽃

오늘도
서러운 아낙이
흙 바람벽 경대 앞에 앉아
비녀를 꽂는다

거친 손끝에서 일렁이던 물결은
세월 건너편으로 깊어 가는데

〉

밤새워 꾸려 놓은 봇짐 위로
서리꽃 피워내신 어머니

먼 길 떠나신 후 소식이 없다

고향집 가는 길

땅거미 내려앉은 신작로를 걷는다
여기쯤, 여기쯤 있어야 할
정겨운 그 집이 없다

둑 밑에 채마 밭, 길가에 미루나무,
손때 묻은 나무 대문
그 집이 보이지 않는다

대청마루에 앉아 피리를 불던 아이,
한 발짝 한 발짝 기억 저편을 향해 걷는다

파꽃처럼 고운 할머니의 머리칼
아버지의 꽹과리 소리
어머니의 옥양목 치맛자락이 어둠 속에서 펄럭인다

측백나무 울타리 참새떼 지저귀던 여기쯤,
발걸음 멈추고 하늘을 본다
조립식 건물 낯선 간판이 물끄러미 내려다본다

〉

노을빛에 물든 벼 이삭 줍던 들녘
부슬부슬 가을비에 젖는다

안면도에서

할미섬 굽은 등에
엎드린 바람

갈매기 날갯짓으로
저무는 하루

굴 따는 아낙네의
젖은 옷자락

파도를 품어 안은
먼 수평선

오늘은
바위섬이 내 집이다

싸리꽃

화전놀이하던 날
꽃비가 내렸다

언덕 너머
바람소리를
감싸 안은 싸리꽃

길가의 돌맹이도
제 집 사립문을
열고 있다

봄 햇살 흔들며
싸락눈이 내린다

오늘 밤은
달빛 그림자를
누가 지킬까

목백일홍

내 손끝이 닿을 때마다
자지러지던
하늘이
내 겨드랑이를 간지럽힌다

가진 것 다 주고
맨몸으로 서 있어도
네 앞에서는 언제나
가슴이 아리니

오늘은
고란사 앞뜰에서
젖은 신을 말린다

이파리 다 떨구고
앙상하게 서 있는
목백일홍

제4부
일탈

퍼즐상자

철쭉꽃 무더기
물방울들과 뒤섞여
방안 가득히 넘실거린다

하늘에는
새털구름 한 조각 띄워 놓고

이만하면 세상은 아름다워라

상자 속 귀퉁이에
소낙비는 내리고

날마다 주저앉는 겸손까지도

가시

통조림에 길들여진
아이의 저녁밥상에
갈치튀김을 올려놓았다

웬만한 가시쯤
씹어 삼키고
어쩌다가 목에 걸린 아픔
심호흡으로
밥 한술 꿀꺽 삼키면 그만이다

뼛속 깊이 박혀있는 설움
세월이 가면 그것들도
사랑니처럼 삭아버릴 테고

가시를 씹는 아이는
아무런 말도 하지 않는다

눈꽃

바람이 부는가 했더니
눈이 내린다

눈 속에 파묻힌 가쁜 숨
안으로 안으로
나를 묻는다

봄비 내리는가 했더니
또 바람이 분다

바람이든 눈꽃이든
그냥 보낼 수 없다

밤은 제 홀로
한숨을 털어낸다

다시, 가을 하늘

초가을 풀밭에 누워
푸른 하늘에 발을 담근다
물고기가 수면 위로
느릿느릿 헤엄쳐간다

온몸을 담그고
하늘과 바다가 맞닿은
그곳까지 흘러가면
노을의 집으로 갈 수 있을까

언제쯤
그리운 얼굴들이
사립문에 당도할 수 있을까

나는,

초가을 풀밭에 누워
소나무에 걸린

낮달과도 눈을 맞추었다

꽃잎이 춤추는 것을 보았다

목련 꽃잎이 춤추는 것을 보았다

꽃잎은 새처럼
하얀 나비처럼
훨훨 날아다닌다

知天命
돋보기를 쓰고

꽃잎이 춤추는 것을 보았다

가을 그림자

상처를 덮어주던 조각구름
가을 들판을
내려다본다

햇살을 끌어안은
단풍잎들
내 손금 사이로 스며든다

허수아비처럼
작아진 늦가을이
다시 강물 위로 흘러간다

시간

몸이 무거워
산에 올랐다

청보리밭 사잇길
냉이꽃을 보며
가만가만 올랐다

그믐달 머리에 이고
박달나무 참나무 사이
오솔길을 올랐다

나는,
장군바위 위에
큰 시간을 내려놓았다

바람 뒤쪽

나뭇가지 사이로
바람이 간다

미처 떠나지 못한
목마른 넋
산기슭에 뒹군다

바람 끝
그대 고운 숨결이여

세월이 가면,

얼어붙은 상처도
허물을 벗을 것이다

기억

무릎을 꿇고 햇밤을 깎는다

제일 빌딩 옥탑을 바라보며
공중전화 앞을 서성이던 하굣길에서
계절도 없이 군밤을 팔던 할머니는
지금 살아 계실까
기차가 지나갈 때마다
아기를 안고 창밖으로 손을 흔들던
사랑 놀이방 선생님은
어디 살고 있을까

공중전화 속 잔돈으로
빌딩 속에 갇혀 있는 목소리를 듣고서
정자나무 그늘을 등에 지고
빈집으로 오락가락하던 기억이
침묵하는 밤

전자레인지에서 꺼낸 설익은 군밤으로

아픔을 삼켜보지만
스무 살 아들의 꿈길을 건너 온 달빛은
지금, 목이 마르다

봉서산

봉서산 올라가
길을 잃었다

청설모에게
길을 물을 수도 없다

꽃잎을 보며
약수터를 지나고
가랑잎을 쳐다보며
비탈길에 섰다

발길이 닿는 곳
어디든지 길인
오늘

길눈이 어둔 나는
허공에게
길을 묻는다

연분홍

바람이
꽃잎 위에
눕는다

철새들이 떠난 자리
물비늘 뒤척이고
수면을 밟고 있는
산 그림자

소름이 돋는다

호숫가에 서면
나는,
연분홍 물이 든다

5월

5월 숲에 들어가서
나뭇가지를 꺾지 마세요

꽃잎이 흩날리고
뻐꾸기 우는데
나뭇가지를 꺾지 마세요

마음속 흔적들 가벼워지면
꽃이 진 자리는 환해요

5월 숲에 가서
나뭇가지를 꺾지 마세요

일탈

안개가 너울대는
거울 앞에

나는 앉아 있다

일탈을 꿈꾸던
얼룩진 환상
손등을 닦으며 휘저어보지만
한 치 앞도 보이지 않는다

살 속으로 파고드는
고독은
쉬이 지워지지 않는다

창문 밖 장미는
어쩌자고 내 손등을
깨물고 있는가

때로 하늘은

이제야 본색을 드러낸다
구름이거나 바람이거나
그것들은 잠시 머물다 가는
나그네였다

가슴속 푸른빛을 감추기 위해
먹구름을 드리우고
때때로 폭풍우 치고,
그리하여 나뭇잎은 멀리서
저렇게 손을 흔드는 것이다

새털구름 아래 산등성이가
발갛게 물들어 가더라도
떠나는 이들은 가슴 한복판에
하얀 실선을 긋고 간다

때로는 잊고 때로는 추억하며
그렇게 잔을 비운다

해설

가벼운 몸으로 일구는 일탈의 시학

— 정인숙의 시

오홍진(문학평론가)

정인숙은 '시인의 말'에서 "자연은 거짓말을 하지 않는다./나는 자연에게 말을 붙이고,/조마조마/그 응답을 기다리는/ 몸짓일 뿐이다."라고 이야기한다. 자연은 인위(人爲)를 짓지 않으니 당연히 거짓말을 하지 않을 것이다. 그런 자연에게 시인은 말을 붙이고 '조마조마' 그 응답을 기다린다. 자연이 인위에 치우친 사람에게 말을 걸 리는 없다. 인위는 이것과 저것을 나눈다. 이것이 옳으면 저것은 그르다고 타박한다. 자연에게는 옳고 그름이 없다. 옳고 그름을 나누는 도덕이니 윤리도 없다. 인위를 품은 마음으로 어떻게 자연의 응답을 받아낼 수 있을까? 자연에게 말을 붙인 시인은 그래서 마음이 조마조마하다. 자연이 대답을 내놓을지도 모르지만, 그 대답을 제대로 이해할지 두렵기도 하다.

자연의 응답을 기다리는 그 몸짓을 시인은 시작(詩作)이라는 지난한 과정을 통해 표현한다. 거짓말을 하지 않는 자연에게 말을 붙이려면 시인 또한 거짓말을 하지 않는 존재로 거듭나야 한다. '자연'이란 말에는 인위가 완전히 배제되어 있다. 우리가 흔히 쓰는 거짓말의 의미가 여기에는 담겨 있지 않다는 말이다. 자연은 꽃을 피워야 할 때는 꽃을 피우고, 꽃을 떨어뜨려야 할 때는 꽃을 떨어뜨린다. 다음을 기약하자는 말로 지는 꽃을 위로하지도 않는다. 오로지 인간만이 내일을 위해 어제와 오늘을 희생하라고 말한다. 어제와 오늘을 희생하면 아름다운 내일이 올 수 있는 것일까? 자연의 응답을 들으려면 무엇보다 시인 스스로 이에 대해 대답할 수 있어야 한다. 자연은 오늘을 살 뿐이다. 봄이 되면 나무는 꽃을 피우고, 겨울이 되면 나무는 남은 힘을 뿌리로 모은다.

> 작은오빠 도시락을 싸고 있는 엄마에게
> 부엌 판장문 문지방에 걸터앉아
> "나는 멸치조림 언제 해 줄 거야?"
> "후제 해 줄게"

그날은 멸치 간장에 밥을 비벼 먹었다

꽃무늬 원피스 사달라고 조르는 내게
"후제 사 줄게"
외할머니 생신날
작은오빠 빛바랜 양복을 입고
엄마 손에 매달려 외갓집에 갔다

팔순을 넘긴 엄마가
임종을 한 달 앞둔 어느 날
밤새도록 보퉁이를 꾸리고 계셨다
"장롱 속에 주름치마는 언제 입으실 거유?"
"후제 입어야지."

만화방초 우거진 봄날,
"우리 언제 가족 여행할까?"
달뜬 작은아들의 말에
먼 산을 바라보며 나 혼자 중얼거렸다
"후제……."

—「후제」 전문

오늘을 사는 자연에 비한다면, 사람들은 늘 '후제'를 입버

릇처럼 말한다. 후제는 '나중에'를 뜻하는 충청도 사투리이다. 오늘 하지 못한 일을 과연 다음에는 할 수 있을까? 물론 이런저런 이유로 해서 사람들은 다음을 이야기한다. 돈이 없는 부모는 아이가 원하는 물건을 사줄 수 없어 다음을 말하고, 시간이 없는 부모는 아이와 함께 놀아줄 시간이 없어 다음을 말한다. 오늘 없는 시간이 내일이라고 생길 리 만무하다. 사람들은 왜 지금보다 훗날을 더 중시하는 것일까? 무언가를 이루려는 강렬한 욕망 때문이다. 욕망은 항상 또 다른 욕망으로 뻗어 나간다. 어제 목표한 것을 오늘 이룬 사람들은 당장 오늘보다 더 큰 욕망을 마음에 품지 않는가. 오늘 사는 삶이 지난 시간에 세운 목표 지점이었다는 것을 욕망에 매인 사람들은 생각하지 않는다. 중요한 것은 오늘 이룬 욕망이 아니라 내일 이루어야 할 욕망이다.

위 시에 나타나는 대로 엄마는 자꾸만 "후제 해 줄게"라는 말을 반복한다. 엄마는 아들에게 해주는 것을 딸에게는 해주지 않는다. 엄마가 왜 이러는지 말할 필요가 있을까? 엄마는 가부장제 의식에 깊이 젖어 있다. 가부장제의 권력은 아들에서 아들로 이어진다. 아들의 도시락에 멸치조림을 넣은 엄마에게 딸이 묻는다. 멸치조림을 언제 해줄 거냐고. 엄마는 훗날을 기약한다. 그날 딸은 멸치 간장에 밥을 비벼먹었다. 외할머니 생신날 입을 꽃무늬 원피스를 사달라고 조르는 딸에게 엄마는 같은 말을 반복한다. 딸은 결국

"작은오빠 빛바랜 양복을 입고/엄마 손에 매달려 외갓집에 갔다". 아들의 성공이 곧 집안의 성공으로 인정을 받는 시대를 엄마는 살아왔다. 딸에게 먹이지 않은 멸치조림을 엄마가 먹었을 리 없다. 딸이 입지 못한 원피스를 엄마가 입었을 리도 없다.

엄마가 말하는 '후제'는 사실 다음을 기약하는 말이 아니다. 어찌 보면 그것은 제도에 묶여 사는 이들이 습관처럼 내뱉는 일상 언어인지도 모른다. 팔순을 넘긴 엄마는 장롱 속 주름치마를 언제 입을 거냐는 딸의 물음에 "후제 입어야지"라고 대답한다. 엄마는 '후제'를 어떤 의미로 사용한 것일까? 그저 먼 훗날이라는 의미로 사용한 것일까? 시간이 흘러 엄마가 된 딸(화자)이라고 다르지 않다. 만화방초 우거진 봄날, 작은아들이 화자에게 "우리 언제 가족 여행 할까?"라고 묻는다. 작은아들은 달떠서 질문을 던졌는데, 화자는 먼 산을 바라보다가 "후제……."라는 말로 대답을 흐린다. 화자가 말하는 후제는 과연 언제일까? 사람들은 훗날을 기약하지만, 시간은 그런 사람들을 기다려주지 않는다. 내일이란 아직 오지 않은 시간이 아닌가. 오지 않은 시간을 빌미로 지금 이 순간을 저 멀리로 내던지는 상황이라니.

시적 순간은 지금 일어나는 이 순간과 밀접하게 연동되어 있다. 이를테면 시인은 「사랑은」에서 "사랑은 온몸을 내던지며/껍질을 깨고/속살을 드러내는 일"이라고 쓰고 있다. 온몸을 내던지는 사랑에 훗날이란 있을 수 없다. 지금 이 순간 사랑을 실천하지 않고 어떻게 온몸을 던지는 사랑을 이룰 수 있단 말인가. 시적 사물을 상상하는 일만 해도 그렇다. 시인은 지금 눈앞에 펼쳐지는 사물이나 상황을 통해 일상과는 다른 세계로 들어가는 길을 열어젖힌다. 사물 너머를 보려면 지금 이 순간에 보이는 사물 이미지에 집중을 해야 한다. 시적 순간을 시적 현재로 다르게 말하는 까닭이 여기에 있다. 눈앞에 펼쳐진 현재=순간을 놓치면 시는 그저 그런 일상을 기록하는 글이 되어버린다. 정인숙의 시는 무엇보다 이러한 현재를 사물 이미지로 드러내는 과정 속에서 탄생한다고 보면 좋겠다.

> 산자락을 흔들며 목청을 높이던 산비둘기 한 쌍이 신방을 차렸다는 소문이 자자하다. 너른 숲 마다하고 이곳으로 내려온 사연이 무엇일까. 철쭉꽃 흐드러진 호숫가 조명등 틈새를 살피다가 작은 둥지에서 알을 품는 어미 비둘기와 눈이 마주쳤다.
>
> 얼기설기 허술한 둥지에 앉아 시끌벅적한 인파와 온갖 소음을 견뎌내더니 어젯밤 폭풍우 몰아치는 어둠 속에서 어찌 버텼을까. 멀찍이 장미 담장을 등지고 알을 품는 어미 새의 날갯죽지는 미동도 하지 않고 그윽한 눈빛으로

우주를 품고 있다.

호수에서 노니는 잉어들이 조심조심 수초 사이를 스쳐 슬며시 물길을 가르고, 꽃잎을 스치는 바람도 새털처럼 보드랍다. 해질녘 어미 품이 그리운 산새 한 마리가 나뭇가지에 앉아 부산하게 우짖는다.

새순이 손톱만큼 더 자란 오늘, 햇살이 유난히도 눈부셨다.

—「봄날의 일기 —비둘기 집」 전문

산비둘기 한 쌍이 너른 숲을 마다하고 철쭉꽃 흐드러진 호숫가 조명등 틈새에 작은 둥지를 지었다. 산자락이 떠나가라고 목청을 높이던 산비둘기 한 쌍은 왜 사람들이 많이 오가는 곳에 둥지를 틀었을까? 시인은 산비둘기 둥지를 살피다가 "작은 둥지에서 알을 품는 어미 비둘기와 눈이 마주쳤다." 산비둘기와 관련된 소문은 일상을 넘어서지 않은 자리에 있다. 알을 품은 어미 비둘기와 눈이 마주치는 순간 시인은 일상 너머에서 빛나는 시적 순간과 만나게 된다. 어미 비둘기는 장미 담장을 멀찍이 등진 채 미동도 없이 "그윽한 눈빛으로 우주를 품고 있다." 개개의 생명마다 한 우주를 품고 있다. 한 우주와 만나는 일이니만큼 어미 비둘기는 경건한 마음으로 새끼와 만날 날을 기다린다.

시인은 알을 품은 어미 비둘기의 마음이 되어 생명 탄생의 순간을 함께 하려고 한다. 어미 비둘기는 얼기설기 엮은 허술한 둥지에 앉아 사람들이 일으키는 온갖 소음을 견뎌냈고, 폭풍우가 몰아치는 어둠 또한 거뜬하게 버텨냈다. 시인은 어미 비둘기의 그윽한 눈빛에서 어미가 되는 일이 얼마나 거룩한 일인지 다시금 확인한다. 한 우주를 고이 품은 어미 비둘기의 마음에 화답하려고 하는 것일까, "호수에서 노니는 잉어들이 조심조심 수초 사이를 스쳐 슬며시 물길을 가르고, 꽃잎을 스치는 바람도 새털처럼 보드랍다." 우주는 우주를 중심으로 돌아간다. 모든 생명의 마음 깊이 우주가 담겨 있으니, 모든 생명이 곧 우주의 중심이라는 말이 성립된다. 어미 비둘기의 그윽한 눈빛에서 시인은 더도 덜도 없는 우주를 발견하고 있는 셈이다.

어미 비둘기가 한 우주라면, 호수에서 노니는 잉어와 꽃잎을 스치는 바람도 한 우주라고 말할 수 있다. 산비둘기 한 쌍이 너른 숲을 마다하고 철쭉꽃이 흐드러진 호숫가로 내려온 까닭은 여기서 밝혀진다. 산비둘기는 생명 탄생을 함께 할 존재들을 찾아 너른 숲을 떠나 호숫가로 내려온 것이다. 시인은 어미 비둘기와 눈이 마주친 그 순간 제 뜻과는 상관없이 생명 탄생의 여정에 참여하게 된다. 산통이 없이 어떻게 한 우주를 얻을 수 있을까? 허술한 둥지에서 알을 품은 어미 비둘기는 이리 보면 시 한 편을 쓰기 위해 온갖 고통을 마다않는 시인의 여정과 상당히 닮아 있다. 해질녘 산새도 이 마음을 아는지 나뭇가지에 앉아 부산하게 우짖는다. 고통이 없이 어미가 될 수는 없다. 마찬가지로 고통이 없이 시인이 될 수는 없다.

시인은 "새순이 손톱만큼 더 자란 오늘,"이라고 쓰고 있다. 햇살이 유난히도 눈부신 이 순간을 시인은 '봄날의 일기'로 기록한다. 봄날의 일기는 달리 말하면 성장의 기록이라고 할 수 있다. 「인동초」에 표현된바, 언 땅을 딛고 찬비를 맞는 긴 겨울밤을 넘겨야 인동초는 봄바람이 부는 날에 비로소 푸른 잎과 붉은 꽃을 피울 수 있다. 잎이 나고 꽃이 피는 때가 있는 법이다. 봄은 겨울이 지난 다음에야 온다. 자연 이치는 인위로 어찌 할 수 없는 자리에 있다. 거짓말을 하지 않는 자연의 응답을 들으려면 이러한 자연 이치를 온몸에 새겨야 한다. 어떻게 하면 자연 이치에 따른 삶을 살 수 있을까? 질문 속에 이미 답이 주어져 있다. 인간을 중심에 세우는 인위적 삶과는 다른 자리에서 자연 이치가 뻗어 나올 테니 말이다.

눈 내리는 밤이면 홀로
산기슭을 거닐며
매화꽃 필 날을 손꼽아 헤아려보네

상처 위에 돋아난 새살처럼
무성한 숲 그늘을 거닐어도
기다리는 사람 소식이 없네

나뭇가지에 걸린 방패연은
가랑잎처럼 가벼워졌으니
눈물겨운 그리움 부질없어라

밤새워 창문 두드리는 바람 소리에
백목련 꽃잎 몸져누웠으니
꽃잎 위 달빛만이 어둠을 밝히네

—「무심無心」 전문

인위(人爲)는 사물을 쓸모 있는 것과 쓸모없는 것으로 나눈다. '쓸모'를 따지는 기준은 물론 인간이 세운다. 집을 지을 때 기둥이 될 만한 나무는 쓸모가 있는 나무이고, 그렇지 못한 나무는 쓸모가 없는 나무이다. 요컨대 돈이 되면 쓸모가 있고, 돈이 되지 않으면 쓸모가 없다. 문명의 눈으로 들여다보는 자연 세계가 바로 그렇지 않은가. 길을 가는데 산이 막고 있으면 인간은 그 산을 관통하는 길을 내버린다. 산 속에 사는 생명이야 파괴되든 말든 상관하지 않는다. 야생 동물이 가는 길을 따로 내지 않느냐고? 그 길로 얼마나 많은 동물들이 다닐까? 사람들이 하는 일이 이렇다. 인간을 중심에 두고 생각하기에 인간 이외의 다른 생명이 사는 삶에 대해서는 구체적으로 생각하지 않는다.

자연을 노래하는 시인이라면 무심(無心)에 대해 시적으로 사유할 수밖에 없다. 무심이란 사물을 분별하지 않는 마음을 가리킨다. 정확히 말하면 인간을 중심에 놓지 않는 마음이 바로 무심이다. 사물을 분별하는 마음에는 어떻게든 사물을 지배하려는 지독한 욕망이 스며들어 있다. 자본의 눈으로 보면 이 세상의 모든 사물들은 자본 증식에 도움이 되는 것과 그렇지 않은 것으로 나뉜다. 사물만 그런 게 아니다. 자본을 쥐지 못한 인간 또한 자본을 쥔 인간의 눈을 통해 그 쓸모가 평가된다. 자본주의 사회가 왜 시인에게 저주를 내렸겠는가? 시인은 태생적으로 자본과는 대립적인 자리에서 이 세상을 바라본다. 자본의 눈으로 사물을 보는 게 아니라 사물의 눈으로 사물을 보려고 한다. 저주받은 시인은 이렇게 자본이 만든 세상과 불화하는 마음을 운명적으로 지니고 태어나는 셈이다.

위 시에서 시인은 눈 내리는 밤이면 홀로 산기슭을 거닐며 매화꽃 필 날을 손꼽아 기다리고 있다. 시인이 애타게 기다리는 사람은 매화꽃 피는 날 온다고 했다. 그날이 지나 숲 그늘이 짙어지는 계절이 와도 기다리는 사람은 오지 않는다. 누군가를 기다리는 일만큼 사람 마음을 미치게 하는 일이 어디에 있을까? 처음부터 온다는 약속을 하지 않았으면 시인 또한 그 사람을 기다리지 않았을 것이다. 매화꽃 피면 온다는 사람이 때가 되어도 오지 않으니 시간이 갈수록 시인의 마음은 타들어간다. 어찌 하면 좋을까? 어느 순간 나뭇가지에 걸린 방패연 하나가 시인의 눈에 들어온다. 오랜 시간 나뭇가지에 걸려 있었는지 방패연은 "가랑잎처럼" 한없이 가벼워보인다. 흐르는 시간 속에서 방패연은 어떻게 저리도 가벼운 존재가 된 것일까? "눈물겨운 그리움 부질없어라"라는 시구가 곧바로 이어진다.

오지 않는 사람을 기다리는 마음이 강렬해질수록 시인은 더욱 더 무거운 아픔을 느낄 수밖에 없다. 이 아픔에서 놓여나려면 나뭇가지에 걸린 방패연처럼 한없이 가벼워져야 한다. 어떻게 하면 가벼운 마음에 이를 수 있느냐고? 눈물겨운 그리움이 부질없다는 것을 깨달으면 된다. 자기 욕망에 짓눌린 인간이 어떻게 이런 경지에 이를 수 있단 말인가. 시인은 밤새워 창문을 두드리는 바람 소리에 몸져누운 백목련 꽃잎을 이야기한다. 백목련 꽃잎이 이런데 그 소리를 온몸에 새겨 넣은 사람은 어떨까? 시인은 "꽃잎 위 달빛만이 어둠을 밝히네"라는 시구로 이 시를 맺고 있다. 달빛은 소리에도, 어둠에도 연연하지 않는다. 그저 꽃잎을 비추고 어둠을 밝힐 뿐이다. 방패연처럼 가벼워진 마음이나 어둠을 비추는 달빛의 마음이나 인위로는 이를 수 없는 무심의 경지를 분명하게 드러내고 있는 것이다.

> 실핏줄 드러난 발가락이 암벽을 붙들고
> 바다를 향해 두 팔을 벌려보지만
> 바다의 노래는 수평선에 누운 해 그림자의
> 붉은 옷자락만 쓰다듬는다
>
> —「해송」 부분

> 햇살이
> 향기에 취해 비틀거리면
> 꽃잎들은
> 눈송이처럼 쏟아졌다
>
> —「들꽃 향기」 부분

「해송」에서 시인은 실핏줄이 드러난 발가락으로 암벽을 붙들고 서 있는 해송을 노래한다. 바다를 향해 간절하게 두 팔을 벌려보지만 해송이 "바다의 노래"에 닿는 일은 불가능하다. 이 시의 2연에 나타나는 대로, 어쩌다 밀려온 파도가 해송의 발가락을 건드려도 등이 굽은 소나무는 하늘을 바라볼 수 없어 그저 눈물만 삼킬 따름이다. 시인은 이 시에서 바다를 향한 해송의 지독한 열망을 명확하게 드러내고 있다. 해송은 왜 이리 바다(의 노래)를 갈망하고 있는 것일까? 뿌리가 뽑히지 않는 한 바다로 갈 수 없기 때문이다. 돌려 말하면, 해송에게 바다는 죽음의 장소와 다르지 않다. 사이렌이 부르던 바다의 노래가 생각나지 않는가. 시인은 바다의 노래에 매혹된 해송을 통해 삶과 죽음의 경계를 맴도는 시적 주체를 불러낸다.

트로이 전쟁을 승리로 이끈 오디세우스는 배 기둥에 몸을 묶고 사이렌이 부르는 노래를 들었다. 정인숙이 창조한 시적 주체는 과연 어떨까? 발가락으로 암벽을 붙든 해송은 그 자세로 바다를 향해 하염없는 시선을 보내고 있다. 암벽은 해송을 해송으로 남게 하는 마지막 보루라고 할 수 있다. 달리 말하면 해송은 암벽에 뿌리를 내리고 있기에 바다로 가는 여정을 펼칠 수 없다. 어떻게든 아내가 있는 고향 이타카로 가려는 오디세우스처럼 해송 역시 자기 뿌리를 뒤흔드는 모험에 절대로 목숨을 걸지 않는다. 「들꽃 향기」에 나타나는 대로, 그녀의 시적 주체는 그저 향기에 취해 비틀거릴 뿐이다. 들꽃 향기에 어린 마음 한 자락을 여전히 붙들고 바다의 노래를 듣는 형국이라고나 할까?

이 지점에서 우리는 정인숙이 지향하는 시의 길을 물어야 한다. 앞서 말한 대로 그녀는 거짓말하지 않는 자연에게 말을 붙이는 시적 주체를 통해 자연과 하나가 되는 어떤 세계를 지향하고 있다. 자연은 사물을 분별하지도 편애하지도 않는다. 사물을 사물 자체로 바라본다는 말이다. 이 마음을 무심이라고 할 수 있다면, 그녀가 기다리는 자연의 응답은 무엇보다 이러한 무심에 이른 존재의 언어로 표현될 수밖에 없다. 무심에 이른 존재는 오디세우스처럼 배 기둥에 온몸을 묶고 사이렌의 노래를 듣지 않는다. 그 노래를 아무리 들어도 마음이 흔들리지 않을 것이기 때문이다. 이와 견준다면 정인숙의 시적 주체는 사물이 내보이는 감각에 쉬이 취한다. 그녀는 보이는 사물에 자기 마음을 투영한다. 암벽에 간신히 몸을 붙인 채 바다를 향하는 해송의 아픔을 자기 아픔인 듯 수용하고 있다는 말이다.

내 손끝이 닿을 때마다
자지러지던
하늘이
내 겨드랑이를 간지럽힌다

가진 것 다 주고
맨몸으로 서 있어도
네 앞에서는 언제나
가슴이 아리니

오늘은

고란사 앞뜰에서
젖은 신을 말린다

이파리 다 떨구고
앙상하게 서 있는
목백일홍

—「목백일홍」 전문

정인숙 시에서 시적 현재는 사물이 처한 상황에 시인이 자기 마음을 투영하는 순간 펼쳐진다. 위 시에서 '목백일홍'은 "이파리 다 떨구고/앙상하게 서 있"다. 시인은 목백일홍의 앙상한 모습이 참으로 애달프다. 그녀는 헐벗은 목백일홍에서 무엇을 본 것일까? "가진 것 다 주고/맨몸으로 서 있어도/네 앞에서는 언제나/가슴이 아리니"라는 구절에 그에 대답할 단서가 나와 있다. 앙상한 목백일홍을 보며 시인은 가진 것 다 주고 허허로운 들판에 맨몸으로 서 있는 어머니를 떠올린다. 시인 또한 그런 삶을 살아왔다. 요컨대 시인은 자신이 살아온 삶을 근거로 사물 이미지를 판단하는 시작(詩作)을 일구고 있다. 시인은 아린 마음으로 목백일홍을 바라본다. 시적 사물로서 목백일홍이 뻗어 나갈 지점을 시인 스스로 한정한다고나 할까?

위 시의 1연을 보면 시인의 손끝이 닿을 때마다 자지러지게 몸을 떨던 하늘이 시인의 겨드랑이를 간질이는 장면이 나온다. 목백일홍을 바라보는 아린 마음과는 멀찌감치 떨어진 태도로 시인은 하늘을 들여다본다. 정확히 말하면 시인은 하늘과 목백일홍을 다른 시선으로 바라보고 있다. 시인에게 '하늘'은 간지럼을 태우는 대상으로 나타난다. 감정적인 의미를 부여하지 않는다는 말이다. '목백일홍'에는 시인의 감정 상태가 그대로 투영되어 있다. 아린 마음이 바로 그것이다. 아린 마음은 '감각'이 아니라 감정이다. 감각이란 감정 너머에서 펼쳐지는 시적 순간을 가리키기 때문이다. 정인숙의 시는 무엇보다 이러한 감각과 감정이 갈라지는 분기점에서 비롯된다고 봐야 하겠다.

자연에게 말을 붙이고 조마조마 그 응답을 기다리는 시적 태도는 감각과 긴밀하게 연동되어 있다. 감각은 '나'와 사물 사이에 계층을 두지 않는다. 분별하는 마음으로 사물을 판단하지 않는다는 얘기다. 지금까지 살펴온 대로 정인숙의 시는 감각보다는 감정에 휩쓸리고 있다. 사물 자체의 감각을 표현하기보다는 사물을 통해 자기감정을 표현하는 데 주력한다. 문제는 이런 방식으로는 자연의 응답을 쉬이 받을 수가 없다는 데 있다. 왜냐고? 사물에 감정을 투영하는 행위는 철저하게 인간중심적인 관점을 취하고 있기 때문이다. 달리 말하면 정인숙의 시 세계에서 사물들은 마음껏 뛰어놀기가 힘들다. 이것을 정인숙의 시를 평가하는 것으로 오해해서는 안 된다. 시인이 지향하는 지점과 실제 시가 이른 지점의 차이를 이야기하는 것뿐이다. 우리는 다만 시인이 서정시에 내재된 이러한 한계를 끌어안고 이른 지점을 구체적으로 살피기만 하면 된다.

> 저것 좀 봐
> 진달래꽃들이
> 햇살을 붙들고 놀고 있네
>
> —「팔봉산」 부분

> 철쭉꽃 무더기
> 물방울들과 뒤섞여
> 방안 가득히 넘실거린다
>
> —「퍼즐상자」 부분

> 나는,
> 장군바위 위에
> 큰 시간을 내려놓았다
>
> —「시간」 부분

서정시의 주체가 근대주체의 시선에 종속되어 있다는 점은 잘 알려진 사실이다. 근대주체는 사물을 사물 자체로 인정하지 않는다. 김소월은 '진달래꽃'에 일편단심의 의미를 불어넣었고, 김춘수 또한 '꽃'에 진정한 관계라는 의미를 집어넣었다. 대상에 부여된 의미는 대상을 향한 주체의 욕망과 다르지 않다. 무언가를 향한 욕망은 무언가를 지배하려는 욕망으로 뻗어 나간다. 근대의 서정시는 무엇보다 이러한 근대주체의 시선으로 사물에 의미를 부여함으로써 생성된 양식이다. 2000년대를 전후하여 한국시단에서 활발하게 개진된 '신서정'이나 '새로운 서정'에 대한 논의는 (근대) 서정시의 이러한 한계를 근본적으로 반성하는 차원에서 시작되었다. 언어로 사물의 본질을 표현할 수 있다는 생각은 살아 움직이는 자연 앞에서 속절없이 무너져 내린 것이다.

위에 인용한 「팔봉산」 시에서 정인숙은 진달래꽃이 햇살을 붙들고 노는 장면을 묘사하고 있다. 봄빛이 넘쳐나는 풍경이 머릿속에 삼삼하게 그려진다. 물론 시인이 봄빛의 정경을 표현하기 위해 이 시를 쓴 것은 아니다. "내리막길을 따라 내딛는/불혹의 발길 위에"(같은 시 4연)라는 시구에 드러나는 대로, 이 시의 밑바탕에는 시간의 덧없음을 온몸으로 느끼는 시적 주체의 정념이 깔려 있다. 시인은 진달래꽃이 햇살과 노는 광경을 묘사함으로써 자칫 슬픔의 정념에 휩싸일 수 있는 시의 분위기를 보다 밝은 분위기로 바꾸고 있다. 시적 사물에는 하나의 의미로 환원될 수 없는 수많은 맥락이 내포되어 있다. 시적 사물에 내포된 다양한 맥락을 풀어놓으려면 무엇보다 자기를 중심에 세우는 근대주체의 논리로부터 벗어나야 한다.

근대주체의 시선으로부터 벗어나는 방법 중의 하나가 바로 상상이다. 「퍼즐상자」에서 시인은 근대주체는 미칠 수 없는 장소를 상상한다. 철쭉꽃 무더기가 물방울과 뒤섞여 방안 가득히 넘실거리는 퍼즐상자를 떠올려 보라. 퍼즐상자는 상상하지 않는 사람은 들어갈 수 없는 세계라고 할 수 있다. 퍼즐상자에서 시인은 무엇이든 만들 수 있다. 대상은 같을지 몰라도 그 대상으로 만들어내는 세상은 무한하다. 시인은 이 시의 마지막 연에서 "날마다 주저앉는 겸손"을 이야기하고 있다. 퍼즐상자는 어느 하나의 사물에 집착하지 않는다. 무언가에 집착하면 다른 무언가가 생성될 수 없다. 시인은 퍼즐상자에서 근대주체의 아집을 타파할 수 있는 길을 엿본다. 사물을 향한 집착을 버려야 퍼즐상자가 펼쳐내는 새로운 상상 세계를 즐길 수 있다.

「시간」에서 새로운 상상의 세계는 장군바위 위에 내려놓은 "큰 시간"으로 변주되어 나타난다. 이 시의 문맥을 따르면, 큰 시간에는 두 가지 의미가 내포되어 있다. 하나는 사물을 지배하려는 인간의 시간을 가리킨다. 또 하나는 인간의 시간을 넘어선 자리에서야 엿볼 수 있는 거대한 자연의 시간을 가리킨다. 인용하지 않은 부분에서 시인은 몸이 무거워 산에 오른다(1연). 냉이꽃을 보며 청보리밭 사잇길을 가만가만 오르고(2연), 그믐달을 머리에 이고 박달나무와 참나무 사이에 난 오솔길을 오른다(3연). 인간의 시간을 짊어지고 산에 오를 수는 없다. 몸이 무거워 산에 오르는 길이 아니던가. 인간의 시간을 내려놓은 자리에서 시인은 한없이 가벼운 몸과 만난다. 무거운 몸으로는 느낄 수 없는 세계가 있는 법이다. 문제는 결국 무겁고도 무거운 인간의 시간을 어떻게 내려놓느냐 하는 점에 달려 있다고 하겠다.

봉서산 올라가
길을 잃었다

청설모에게
길을 물을 수도 없다

꽃잎을 보며
약수터를 지나고
가랑잎을 쳐다보며
비탈길에 섰다

발길이 닿는 곳
어디든지 길인
오늘

길눈이 어둔 나는
허공에게
길을 묻는다

—「봉서산」 전문

봉서산에서 길을 잃은 시인은 어떻게 길을 찾아 산을 내려올까? 시인의 말마따나 "청설모에게/길을 물을 수도 없다". 스스로 길을 찾아야 한다는 의미겠다. 무턱대고 산길을 걸을 수는 없으니 이정표가 될 만한 무언가를 먼저 찾아야 한다. 시인은 우선 꽃잎을 보며 약수터를 지난다. 꽃잎이 이정표가 될 수 있느냐고 물을 필요는 없다. 중요한 것은 시인이 그런 방식을 선택했다는 점이다. 꽃잎에 이어 시인은 가랑잎을 쳐다보며 비탈길에 선다. 꽃잎이나 가랑잎이나 산을 내려갈 길을 직접적으로 알려주는 사물은 아니다. 그런데도 시인은 이 사물들과 더불어 길을 찾으려고 한다. 그 이유는 무엇일까? 발길이 닿는 곳이면 어디든지 길이라는 대답을 시인은 내놓는다. 발길이 닿는 자리에 꽃잎이 있었고, 가랑잎이 있었다.

발길이 닿는 곳 어디나 길이 될 수 있다면, 시인은 어느 길을 선택하든 산을 내려갈 수 있다. 길은 원래 있는 게 아니라 발길이 닿으면 길이 된다. 벼랑에서 한 발을 내딛으면 길이 나타나는 원리와 같다고나 할까? 문제는 벼랑에서 한 발을 더 떼는 일을 실천할 수 있느냐는 점에 있다. 벼랑은 삶의 한계 지점이라고 할 수 있다. 요컨대 벼랑에서 한 발을 떼는 존재는 곧바로 죽음과 맞닥뜨릴 수밖에 없다. 발길이 닿는 곳 어디나 길이 되는 장소는 삶과 죽음의 경계를 넘어선 자리를 가리킨다. "길눈이 어둔 나는/허공에게 길을 묻는다"라는 이 시의 결구는 정확히 이 맥락에 걸려 있다. 길눈이 밝은 사람은 자신이 걸어온 길을 꿰뚫고 있다. 다른 길로 들어설 여지가 없다는 말이다. 길눈이 어두운 시인은 그래서 모든 곳이 길이 되는 허공에 길을 묻는다. 스스로 짊어진 무거운 (인간의) 시간을 내려놓을 길목에 접어든 것이다.

「일탈」을 참조한다면, 인간의 시간을 내려놓는 일은 "일탈을 꿈꾸던/얼룩진 환상을" 온몸으로 받아들이는 일과 다르지 않다. 눈에 보이는 세상은 여전히 안개로 가득 차 있다. 한 치 앞도 보이지 않는 세상에서 시인은 몸 속 깊이 파고드는 고독을 여전히 느끼고 있다. 고독으로 침잠하는 시인에게 경고라도 보내는 것일까? "창문 밖 장미는/어쩌자고 내 손등을/깨물고 있는가"라고 시인은 쓰고 있다. 창문 밖 장미는 환상이 아니라 실재일 것이다. 시인은 바로 그 장미를 보기 위해 멀고도 먼 시의 길을 걸어왔다. 물론 이 장미를 보려면 먼저 안개로 뒤덮인 얼룩진 환상을 깨뜨

려야 한다. 정인숙은 지금 안개가 너울대는 거울 앞에서 '자연의 응답'을 기다리고 있다. 사물의 "본색"(「때로 하늘은」)을 보려면 사물을 휘감고 있는 안개 속을 두려움 없이 헤맬 수 있어야 한다. 그녀가 쓰는(써야 하는) 일탈의 시는 이 두려움이 멈춘 자리에서 비로소 시작될 수 있을 것이다.